AF245175

# MANUEL

## DES

# PREMIERS SECOURS

## A L'USAGE

## DES SOUS-OFFICIERS ET SOLDATS

« A travers les passions meurtrières et les restes de barbarie, à travers le sang et les larmes, une pensée consolante se dégage, c'est que quiconque travaille à défendre ou à accroître la puissance française, — le soldat sur le champ de bataille ou la femme dans l'ambulance, — sert par cela même la cause de l'humanité et du droit éternel. »

(Paul DESCHANEL.)

| PARIS | LIMOGES |
|---|---|
| t-André-des-Arts. | 46, Nouvelle route d'Aixe, 46 |

## CHARLES-LAVAUZELLE

### Editeur militaire.

1891

# MANUEL

## DES

# PREMIERS SECOURS

### A L'USAGE

### DES SOUS-OFFICIERS ET SOLDATS

# MANUEL

## DES

# PREMIERS SECOURS

## A L'USAGE

## DES SOUS-OFFICIERS ET SOLDATS

« A travers les passions meurtrières et les restes de barbarie, à travers le sang et les larmes, une pensée consolante se dégage, c'est que quiconque travaille à défendre ou à accroître la puissance française, — le soldat sur le champ de bataille ou la femme dans l'ambulance, — sert par cela même la cause de l'humanité et du droit éternel. »

Paul DESCHANEL.

| PARIS | LIMOGES |
| --- | --- |
| 11, place St-André-des-Arts. | 46, Nouvelle route d'Aixe, 46 |

## Henri CHARLES-LAVAUZELLE

Éditeur militaire.

1891

Je dédie ce livre, sans distinction de partis, à mesdames les Présidentes des trois grandes Sociétés de secours aux blessés : *l'Union des femmes de France, la Croix Rouge et l'Association des Dames françaises.*

Karl Hanotaux.

# MANUEL

### DES

## PREMIERS SECOURS

### A L'USAGE

### DES SOUS-OFFICIERS ET DES SOLDATS

**Motifs de l'ouvrage. — Considérations générales. — Notions préliminaires.**

Il a été fait peu de traités sur l'instruction de la chirurgie militaire à donner au soldat. Et, cependant, il lui serait bien nécessaire d'apprendre, avant l'arrivée du chirurgien, à pouvoir se porter secours à lui-même ou à ses compagnons d'armes.

De tous les moyens qu'on peut mettre en pratique, pour diminuer les souffrances du soldat, il n'y en a certainement pas de plus efficace que l'enseignement de la chirurgie mise à sa portée.

Celui-ci ne peut rester plus longtemps ignorant des moyens simples et faciles qui peuvent le prémunir de la mort.

Il ne faut pas oublier qu'en guerre, un prompt secours peut souvent sauver la vie d'un homme, dans les blessures artérielles, par exemple.

L'instinct apprend à l'animal à satisfaire ses besoins et lui enseigne ce qu'il doit prendre pour sa conservation ; il n'hésite et ne se trompe jamais dans le choix des moyens qu'il emploie ; la bête en naissant, sait ; l'homme au contraire, quand il vient au monde, ne sait rien ; il doit tout apprendre.

La nature lui a donné des facultés, mais, c'est à lui de les développer et de les perfectionner. L'homme doit faire son profit des expériences de l'histoire et chercher ensuite de nouveaux moyens pour répondre à ses nouveaux besoins.

Or, ces moyens, ces soins, ces précautions pour le soldat, sont de tous les instants, il manie sans cesse des armes qui peuvent le tuer, lui ou son semblable.

Il est donc de la plus haute importance d'indiquer au soldat, le plus clairement possible, et en peu de pages, ces enseignements préparatoires, afin qu'il puisse les comprendre et les appliquer ensuite, facilement et sans hésitation.

En les retenant bien, il évitera peut-être de subir, soit une opération grave, soit la mutilation d'un membre et même la mort avec ses douleurs et ses affreuses tortures.

Quels services peut égaler celui qui calme la douleur, en prévient l'augmentation et enlève toutes inquiétudes. Tout l'or du monde ne saurait remplacer un pansement donné à temps ! En un mot, quels malheurs irréparables pourraient être évités, par l'enseignement au soldat, de la science élémentaire de la chirurgie !

Il n'est pas besoin de réfléchir longtemps sur la nécessité d'apprendre au soldat tous les éléments de la science chirurgicale ; elle lui sera d'un usage constant et journalier. Elle l'aidera en l'absence du chirurgien à se donner confiance en lui-même. Elle l'aidera à soigner ses membres fracturés ou contusionnés, à secourir un camarade blessé ; à arrêter une hémorragie dangereuse, à panser une luxation, une contusion, une brûlure, une morsure, etc., etc.

On dira peut-être que le soldat ne saura pas facilement comprendre cette nouvelle théorie ; mais il ne s'agit pas de lui apprendre la chirurgie elle-même, cette science hérissée de difficultés de toutes sortes, accessible seulement aux intelligences cultivées ; pas du tout, la chirurgie du soldat lui donnera uniquement des préceptes que le plus simple d'entre eux comprendra aussi bien que l'homme le plus lettré. Il retiendra d'autant plus volontiers cette instruction humanitaire que le soldat est aujourd'hui *tout le monde*.

Il sera très heureux de s'adonner plus particulièrement à l'étude de certains préservatifs utiles, dans les moments où son corps sera menacé.

Le corps du soldat est celui du peuple et il a droit à ce qu'on le défende et à ce qu'on atténue, le plus possible, ses souffrances.

Le gouvernement de la République le sait bien, puisqu'il prend, chaque jour, des mesures pour la conservation physique de notre armée. Quant à nous, notre seul but est d'être utile au soldat, en l'aidant à acquérir un certain nombre de connaissances usuelles qui peuvent l'aider à économiser sa vie, aussi bien pendant son temps de militaire, que durant sa vie tout entière.

A ce propos, nous croyons devoir dire ici que les soldats allemands reçoivent l'instruction élémentaire de la chirurgie et qu'ils sont tous porteurs d'un *Petit Manuel des premiers secours*.

Ce manuel est indispensable à tout soldat du monde civilisé. En France, la plupart des nôtres ignorent même qu'il existe une convention internationale appelée la *Convention de Genève.*

Nous croyons utile de rappeler quelques-uns des articles de cette convention signée à Genève, le 22 août 1864.

« ARTICLE PREMIER. — Les ambulances et les hôpitaux militaires seront reconnus neutres et, comme tels, protégés et respectés par les belligérants, aussi longtemps qu'il se trouvera des malades ou des blessés.

» ART. 2. — Le personnel des hôpitaux et ambulances comprenant : l'intendance, les services de santé, d'administration, le transport des blessés ainsi que les aumoniers, participera au bénéfice de la neutralité, lorsqu'il fonctionnera et tant qu'il restera des blessés à relever ou à secourir.

» ART. 5. — Les habitants du pays qui porteront secours aux blessés seront respectés et demeureront libres.

» Les généraux des puissances belligérantes auront pour mission de prévenir les habitants de l'appel fait à leur humanité et de la neutralité qui en sera la conséquence.

» Tout blessé recueilli et soigné dans une maison y servira de sauvegarde. L'habitant qui aura recueilli chez lui des blessés sera dispensé du logement des troupes ainsi que d'une partie des contributions de guerre qui seraient imposées.

» ART. 6. — Les militaires blessés ou malades seront recueillis et soignés, à quelque nation qu'ils appartiennent.

» Les commandants en chef auront la faculté de remettre immédiatement aux avant-postes ennemis les militaires ennemis blessés pendant le combat, lorsque les circonstances le permettront et du consentement des deux parties.

» Seront envoyés dans leur pays, ceux qui après guérison, seront reconnus incapables de servir.

» Les autres pourront être également renvoyés à la condition de ne pas reprendre les armes pendant la durée de la guerre.

» Les évacuations avec le personnel qui les dirige seront couvertes par une neutralité absolue.

» Un drapeau distinctif et uniforme sera adopté pour les hôpitaux, les ambulances et les évacuations; le drapeau devra être, en toute circonstance, accompagné du drapeau national.

» Un brassard sera également admis pour le personnel neutralisé; mais la délivrance en sera laissée à l'autorité militaire.

» Le drapeau et le brassard porteront une croix rouge sur fond blanc. »

Depuis la signature de cette admirable convention, les questions relatives à toutes les institutions d'assistance en temps de guerre tiennent une large place dans les grands conseils des gouvernements.

En France, des sociétés se sont formées au grand profit de la science et de l'humanité. Ces sociétés : l'Association des Dames Françaises, l'Union des Femmes de France, la Croix Rouge, dirigées par des femmes et par des hommes remarquables, par leur compétence charitable et professionnelle, ont poursuivi l'étude de ces questions.

Des congrès ont eu lieu, pendant l'Exposition.

Les travaux en ont été dirigés par M. l'académicien, marquis de Vogué.

La présidence d'honneur avait été décernée au célèbre baron Larrey ; parmi les personnalités qui ont pris part aux séances, figuraient : M<sup>me</sup> de Mac-Mahon, M<sup>me</sup> Kœchlin-Schwartz. M<sup>me</sup> Foucher de Careil ; M. Dujardin-Beaumetz, directeur du service de santé militaire ; les docteurs Rochard, Perrin ; MM. les académiciens Mézières, Perraud, etc.

Plusieurs rapports ont été présentés. : l'un, du docteur Riant. vice-président de la Société de secours aux blessés, étudie les moyens les plus propres à faire connaître et étendre les secours en temps de guerre ; sa conclusion a été que : « jamais le public n'a été aussi bien préparé à seconder les œuvres d'assistance militaire. »

Une autre a été faite par M. le docteur Bouloumié, sur les progrès accomplis depuis deux ans dans les soins donnés aux blessés.

Il ressort évidemment que les œuvres privées d'assistance françaises sont en mesure aujourd'hui d'assurer aux blessés, sur le champ de bataille, des secours prompts et efficaces ; mais le gouvernement de la République et le Ministre de la guerre ne se sont pas non plus désintéressés de ces questions qui procurent les moyens de conserver et de perfectionner la santé des troupes et de rendre familiers aux soldats les principes et les applications de ce que nous sommes convenus d'appeler *les premiers secours à donner aux militaires blessés.*

L'exemple le plus probant, c'est la pensée aussi utile que libérale à laquelle a obéi M. de Freycinet, Ministre de la guerre, en décidant récemment que, désormais, tous les officiers et simples soldats de l'armée seraient munis en campagne d'une *trousse de pansement* qui leur permettra d'appliquer un premier pansement sur le champ de bataille.

Dorénavant, chaque officier ou soldat recevra, au moment de la mobilisation, un paquet de pansement fourni par le service de santé, qu'il portera dans la poche intérieure de son dolman, veste ou capote.

Ce paquet, qui a la forme d'un petit portefeuille plat, se compose :

1º D'une enveloppe extérieure en tissu de coton;

2º D'une deuxième enveloppe en tissu caoutchouté, mettant le contenu à l'abri de l'humidité;

3º D'un gâteau de ouate rendu *aseptique* par le séjour préalable dans une solution de bichlorure de mercure à 1/1000. Ce gâteau est contenu dans un morceau de tarlatane pour empêcher son effritement. Il peut se diviser en deux parties dans le cas de blessure double (trous d'entrée et de sortie de la balle);

4º D'une petite compresse en gaze de soie également aseptisée par le bichlorure;

5º D'un morceau de tissu caoutchouté analogue à celui de la deuxième enveloppe, empêchant le desséchement de la plaie et du pansement.

6º D'une bande de six centimètres de large et de sept mètres de long en gaze de soie, également bichlorurée ;

7º Enfin, de deux épingles de sûreté, *vulgo* de

nourrice, enveloppées de papier et mises entre les deux enveloppes pour que le métal ne soit pas attaqué par le bichlorure de mercure.

Le paquet antiseptique a l'avantage d'abord de fournir au médecin du régiment du matériel de pansement presque suffisant pour les premiers besoins du champ de bataille, sans qu'il soit obligé d'avoir recours à ses approvisionnements.

Et aussi de mettre rapidement la blessure à l'abri de l'infection qui pourrait lui être apporté par son contact avec les doigts ou avec la terre.

La blessure sera ainsi préservée de la poussière et de toute autre cause d'infection jusqu'à l'arrivée du chirurgien.

On ne peut que féliciter M. le Ministre de la Guerre d'avoir pris cette mesure préventive d'une si grande importance, en temps de guerre.

Ces sachets de pansement serviront constamment et le mode de s'en servir est tellement innocent qu'il ne compromettra jamais ni le succès des opérations du chirurgien ni l'état du malheureux blessé confié à ses soins.

KARL HANOTAUX.

Beaurieux (Aisne), avril 1891.

# CHAPITRE PREMIER

## DES MOYENS D'ARRÊTER LES BLESSURES AVEC HÉMORRAGIE.

Pour bien faire comprendre ce que c'est qu'une hémorragie, on doit savoir que les artères portent le sang du cœur vers les extrémités du corps, que les veines, au contraire, le rapportent de ces mêmes extrémités au cœur. Il en résulte donc que pour arrêter le sang des artères, on doit appliquer un ou plusieurs doigts au-dessus de l'endroit même d'où jaillit le sang, c'est-à-dire entre le cœur et la plaie et que pour les veines, il faut, au contraire, pratiquer la compression entre les extrémités et la blessure, c'est-à-dire au-dessous.

En attendant le secours du chirurgien, le blessé qui a une hémorragie doit se servir de ses doigts qui seront pour lui comme des tampons.

Pendant ce temps, les militaires ou autres personnes qui entourent le blessé devront appliquer directement sur le vaisseau ouvert, à la place des doigts, des substances molles, faciles à amoindrir et à arrondir, comme l'éponge, le coton, la charpie, l'amadou, la toile d'araignée, le papier maché ou mouillé, de la sciure de bois, du papier, de l'étoupe, du vieux linge, de la laine même à défaut d'autre chose, une pierre ronde un peu aplatie qu'on entoure de mousse.

Mais l'éponge est préférable, pour ce premier moment, parce que, grâce à ses aspérités, elle se fixe mieux aux parois de la blessure,

Pour que la plaie soit bien bouchée, il faut commencer par enlever tout le sang coagulé, laver ensuite doucement avec une éponge ou un linge imbibé d'eau fraîche ou tiède ; on pourra voir alors l'endroit principal par où coule le sang et de façon à ce que le tampon puisse être aussitôt placé sur l'ouverture de la plaie et non comme il arrive, quelquefois, sur du sang caillé.

L'eau pure suffit, elle est même préférable à l'eau salée, vinaigrée ou alcoolisée.

Quand les substances qui forment tampons sont bien introduites dans la plaie, on les assujettit convenablement avec une bande, un mouchoir, une cravate ou un pan de chemise. Entre la compresse et le nœud de la bande, on passe une cheville de bois, un tourniquet, que l'on fait tourner jusqu'à ce que le sang soit bien arrêté. Si ces moyens ne sont pas suffisants, il faudra se contenter de la seule ressource, la plus simple, la plus naturelle, c'est-à-dire la compression de la plaie avec le pouce, jusqu'à l'arrivée du chirurgien.

Le blessé pourra lui-même faire cette compression ; mais comme elle serait trop longue et trop douloureuse, si elle était faite par lui seul, il vaudrait mieux être deux personnes qui se reprendraient alternativement.

Le meilleur moyen d'arrêter le sang est certainement de tordre le vaisseau d'où il s'écoule et, pour procéder à cette ligature délicate, il serait préférable qu'elle soit pratiquée par un chirurgien, tout en faisant remarquer qu'il ne s'agit que d'un simple tour de main que le soldat apprendrait très facilement. Exercé fréquemment à faire cette ligature, il pourra suspendre l'hé-

morragie, soit sur lui, soit sur d'autres, jusqu'à l'arrivée du chirurgien.

## CHAPITRE II

DES PREMIERS SOINS A DONNER DANS LES ACCIDENTS
SUPPOSÉS GRAVES. (PLAIES PAR ARMES A FEU,
CHUTES DE CHEVAL ET CONTUSIONS.)

On peut éviter bien des douleurs au soldat
blessé et même quelquefois lui conserver la vie
en lui donnant, dès le début, des soins sérieux
et constants.

Pour cela, il faut surtout éviter que l'inflammation ne se répande dans le sang ou autour de
la blessure.

Au lieu de lui donner de l'alcool ou du vin,
dans le but de lui faire du bien, il faut, s'il
demande à boire, ne lui donner que de l'eau
fraîche. — On ne le transportera que quand on
lui aura donné ces premiers soins.

En conséquence, on empêchera, la foule des
curieux, comme il arrive souvent, de se masser
autour du blessé. Le bruit, le désordre peuvent
empêcher qu'on ne le mette dans une bonne position. Et puis, il est nécessaire au blessé de pouvoir respirer librement.

On examinera tout d'abord le nez et la bouche
du blessé, de façon à en retirer les corps étrangers tels que le sable, la poussière, la boue ou
le sang qui pourraient gêner sa respiration. Toujours, dans ce même but, on desserrera les bou-
tons de sa tunique ou de son pantalon ; on lui
enlèvera, en un mot, tout ce qui pourrait lui
serrer le ventre, ou lui comprimer la poitrine

ou la gorge. S'il y a une perte de sang, on s'efforcera de l'arrêter par les moyens que nous avons indiqués dans l'article qui précède. Si au contraire, l'écoulement du sang est médiocre, il n'y a aucun inconvénient à le laisser couler quelque temps. Ensuite, on rapprochera les lèvres de la plaie, en les maintenant l'une contre l'autre, par quelques liens ou bandes appropriées et on les recouvrira d'un linge.

Quand le blessé aura reçu ces premiers soins, on cherchera à le mettre à l'abri du froid ou du soleil et, en attendant le chirurgien, les personnes qui resteront auprès de lui, imbiberont d'eau fraîche les endroits douloureux, déchirés ou engorgés.

C'est surtout dans le cas d'accidents graves, comme ceux provoqués par la roue d'un canon ou d'une voiture quelconque, d'un coup de pied de cheval qu'il faut arroser continuellement le membre broyé avec de l'eau fraîche mélangée si l'on veut d'un quart d'eau-de-vie camphrée.

Ces arrosements continus préviendront souvent des maux épouvantables; ils diminueront les douleurs et empêcheront l'inflammation, ils permettront, en un mot, d'attendre l'arrivée du chirurgien.

Pour entretenir l'humidité constante, le mieux est d'appliquer de la charpie mouillée ou un morceau de diachylon sur la plaie.

« On rejettera dans les pansements, dit le docteur Bernard, le cérat et les corps gras, les pansements à l'eau froide sont dans tous les cas les meilleurs; ils apaisent la douleur, empêchent ou font disparaître rapidement le gonflement, modèrent l'inflammation, suppriment ou diminuent la réaction générale, retardent la suppuration, empêchent la décomposition du pus et l'étranglement, amènent la consolidation plus rapide des fractures. »

Il faut s'assurer souvent si le blessé a les pieds chauds. Dans le cas contraire, on lui mettra une bouteille remplie d'eau chaude aux pieds.

En cas de frissons, on donnera au blessé une infusion de menthe, du thé chaud ou de l'eau chaude avec du vin, du rhum, du cognac ou de l'eau de mélisse, etc.

Dans le cas où l'on ne parviendrait pas encore à le réchauffer ou à le ranimer, en cas de syncope, on approcherait le dos du blessé d'un grand feu de bois et on lui appliquerait sur le creux de l'estomac des serviettes chaudes, en frictionnant l'épine dorsale et la poitrine avec des linges chauds.

Du reste, dans le cas d'évanouissement prolongé, on pourra toujours provoquer le retour à la vie, par l'application d'un fer à repasser ou d'une barre ou un marteau de fer qu'on aura trempé au préalable dans l'eau bouillante.

Avec ce fer, on ne fera que toucher légèrement la peau, soit à la plante des pieds, soit sur les tempes, sur la nuque, soit le long de la colonne vertébrale, sur les mollets ou sur le creux de l'estomac.

On remplacera ainsi les sinapismes ou les vésicatoires qui n'agissent pas aussi rapidement et qu'on n'a pas, du reste, toujours sous la main.

# CHAPITRE III

## PREMIERS SOINS DANS LES PLAIES QUELCONQUES CHEZ LE SOLDAT.

En présence d'une plaie quelconque à panser, il faut d'abord, comme nous l'avons dit, la laver doucement avec un linge imbibé d'eau, de façon à la débarrasser des corps étrangers comme les caillots de sang, la boue, les épines, le verre, la chaux qui s'y trouveraient.

S'il existait dans la plaie des éclats d'obus, des pointes d'armes, épées, sabres ou baïonnettes ébréchés, des fragments d'os, des débris de vêtements, il faudrait chercher à les enlever à la condition que tous ces corps soient accessibles à la prise.

Quand la plaie est lavée on rapproche les bords, comme nous l'avons dit, afin qu'ils se rejoignent et que l'air et la poussière ne puissent s'y introduire. On évitera ainsi, l'irritation, l'inflammation et la suppuration du mal.

Une erreur populaire est de faire manger le malade blessé, en lui donnant de la nourriture proportionnellement à la perte de son sang, il ne faut pas surtout user de ce procédé absurde, car on s'exposerait à rendre le mal incurable.

Du reste, l'estomac affaibli du blessé n'est plus alors en état de broyer la nourriture.

Quand il s'agit de blessures à la tête, à la poitrine, au ventre ou aux parties, il vaut beaucoup mieux, quand c'est possible, attendre le chirurgien.

On doit alors seulement recouvrir le mal d'un

linge mouillé. Ce linge sera maintenu par un bandage fait d'un mouchoir plié en quatre, en cravate ou en triangle, et on aura soin ensuite de transporter le blessé dans un endroit tranquille, en se conformant aux indications déjà données.

En appliquant ces enseignements si simples et surtout celui qui consiste à réunir les bords de la blessure et de les conserver rapprochés, en attendant l'arrivée du chirurgien, on pourra, particulièrement dans les plaies accompagnées de fracas d'os ou coupures de nerfs, éviter *l'hémorragie, l'inflammation, l'amputation, le croupissement du pus, la gangrène, le tétanos, la pourriture* et *l'infection purulente.*

Quel service il rendra au chirurgien, le soldat qui aura appliqué ce mode de pansement le plus simple et le plus rapide ! En campagne, le temps devient précieux à cause des innombrables exigences du service chirurgical ; il faut donc, dans l'intérêt général, que chaque soldat soit à même de soulager certaines indispositions et de parer à certains accidents. C'est la façon la plus sûre d'arriver à satisfaire à tous les besoins impérieux. En tout cas, lorsque la blessure marche bien au début, le chirurgien a grande chance d'amener promptement la guérison.

En 1870, à Saint-Quentin, nous avons vu des chirurgiens militaires remercier des civils qui avaient donné adroitement les premiers soins aux blessés sur le champ de bataille. Et c'était un émouvant spectacle que d'entendre ces blessés à l'ambulance exprimer par des sentiments exaltés leur vive reconnaissance. En signe de leur extrême gratitude, ils embrassaient les mains de ceux qui les avaient secourus ; ils caressaient celles du chirurgien encore rougies de leur sang.

Ils levaient les yeux au ciel avec une expression sublime, comme pour remercier la destinée des bienfaits que leur avait prodigués la secourable compassion des habitants de la vieille et bonne cité saint-quentinoise.


## CHAPITRE IV

PREMIERS SECOURS A DONNER, EN CAS DE CHUTE, A UN FANTASSIN OU A UN CAVALIER QUI A UN MEMBRE CASSÉ OU FRACTURÉ.

Il y a fracture chaque fois qu'un os est rompu.

Il est facile de reconnaître si la fracture est simple, compliquée ou grave.

Le blessé qui a un membre cassé le sent parfaitement ; d'abord il a entendu le craquement de l'os, il ne peut plus remuer ce membre ; il souffre horriblement lorsqu'il cherche à le mouvoir, il sent qu'il y a un endroit faible et même il entend là souvent un petit bruit ; c'est le produit du frottement des deux bouts de l'os fracturé, appelé *crépitation* en chirurgie.

Les fractures, en elles-mêmes, ne sont ni dangereuses ni mortelles, elles ne le deviennent que par les accidents qui les accompagnent ou qui les suivent.

La première chose à faire, quand on est en présence d'une fracture, c'est de mettre à découvert l'endroit fracturé, afin de voir s'il y a plaie.

En ce cas, on lave doucement avec de l'eau fraîche ; s'il n'y a pas plaie, on met sur la partie malade de l'alcool ou de l'eau blanche, ou de l'huile d'olive ou autres corps gras.

Ensuite on s'occupera de transporter le blessé. Pour cette opération, trois hommes sont nécessaires, l'un passe la main gauche sous la tête du malade et la main droite sous l'aisselle droite. L'autre applique le bras droit sous les reins ou sur le bassin et le bras gauche sous les cuisses. Le troisième passe sa main droite sous les jambes du patient et l'on porte ainsi celui-ci étendu sur des feuilles, de l'herbe, du foin, de la mousse, de la paille, des poussières d'avoine, des sacs remplis d'étoupes, de plumes, de son, de menue paille ou encore sur des vêtements. Si on peut placer le membre fracturé sur un traversin ou un oreiller, c'est ce qu'il y aurait de mieux à faire en pareil cas, car le membre s'y repose doucement et il s'y creuse comme un lit avec appui sur les côtés.

Cet appareil provisoire suffit pour attendre le secours du chirurgien qui fera transporter le blessé, soit au moyen d'une voiture, d'un lit de sangle ou d'une civière.

Dans le cas où le malade serait pris de boisson et très agité par le délire de la fièvre, il faudrait trouver le moyen d'empêcher le frottement, l'un contre l'autre, des os brisés.

Le plus simple moyen serait d'attacher le membre fracturé à l'oreiller sur lequel il repose, en le serrant contre cet oreiller avec des mouchoirs ou des bandes de toile. On assujettira ainsi les bouts des os rompus, on rendra au membre sa direction normale, et les os, avec ce soutien, seront immobilisés.

L'immobilité est la première condition du succès pour la continuation du traitement des fractures.

La meilleure façon encore d'empêcher les frottements des os est celle qui consiste à se procurer quatre attelles en bois aussi longues que le membre blessé ; on verra à ce qu'elles ne soient pas trop serrées par les linges, mouchoirs, ou fils de fer, de façon à ce qu'elles ne touchent pas trop la peau. De cette manière, le membre fracturé sera maintenu suffisamment pour que le blessé puisse ensuite être transporté assez loin. Ces attelles seront surtout employées pour les jambes cassées.

S'il s'agit de *l'avant-bras* fracturé, on pourra se contenter de le placer sur un mouchoir qu'on attachera au vêtement en forme d'écharpe. Si c'est le *bras tout entier*, ou l'appuiera contre le corps, au moyen de deux mouchoirs qui l'entoureront et qui iront s'attacher par les bouts, du côté opposé du corps du blessé.

En attachant ou en suspendant ainsi le membre cassé, que ce soit aussi bien le pied, la jambe, la cuisse, que le bras, il devient isolé ; il peut suivre alors tous les mouvements du corps sans pour cela que les os cassés se déplacent et renouvellent les souffrances.

Quand on transportera le blessé, il faudra surtout éviter tout mouvement brusque, de façon à ce que le blessé soit bien d'aplomb.

*Les fractures du crâne* et de la figure, qui sont plus dangereuses puisqu'elles donnent lieu à des commotions qui souvent entraînent la syncope, réclament comme traitement préventif les lavages à l'eau fraîche, sur la partie blessée ; on aura soin dans ce cas de tenir la tête élevée, sans la couvrir.

On coupera les cheveux ou la barbe et on appliquera toujours, comme pour les blessures ordinaires, des compresses imbibées d'eau fraîche ; s'il y a une bosse à la tête, on refoulera le sang en la comprimant avec une pierre plate ou avec le bidon. On aura soin de faire mettre les pieds du patient dans l'eau chaude, et si le blessé perd du sang par la blessure, on fera comme pour l'hémorragie, on arrêtera ce sang en serrant l'endroit par où il s'échappe avec des morceaux de charpie ou d'amadou.

*Les fractures de la clavicule*, c'est-à-dire de l'os qui est placé des deux côtés au-dessous du cou, se traitent en faisant mettre le bras en écharpe et en le fixant ensuite par un bandage contre le corps.

Pour cela, on se servira d'un mouchoir plié en quatre ; on posera le coude sur la partie large et on réunira les deux bouts avec un nœud ou une épingle au cou du blessé.

*Les fractures des côtes* sont très fréquentes, mais elles ne sont pas faciles à reconnaître. Si à la suite d'une chute ou d'un coup on ressent une douleur en toussant ou en y portant la main, il est probable qu'une ou plusieurs côtes sont cassées.

Alors le traitement consistera comme dans toutes les fractures à empêcher les mouvements

des bouts de l'os cassé. On s'empressera alors
d'appliquer sur le siège de la douleur des compresses d'eau-de-vie camphrée ou d'eau-de-vie
salée ; on appliquera par dessus un mouchoir
plié en quatre qu'on serrera fortement en forme
de ceinture.

Les vêtements ne s'opposent pas en général à
l'application de cet appareil provisoire car, il
sera toujours plus prudent pour déshabiller le
patient, d'attendre l'arrivée du chirurgien; on
lui évitera ainsi des douleurs. Dans le cas où
l'on serait forcé de déshabiller le blessé, le
mieux est de couper les vêtements au lieu de les
ôter.

Il arrivera parfois, qu'on confondra une fracture avec une luxation.

Les *luxations* sont le déplacement d'un ou
plusieurs os. Elles ont lieu dans les articula-
tions. Les efforts, les coups les chutes, etc., sont
les causes externes de ces déplacements.

Dans les luxations, les jointures paraissent
souvent déformées. Quand on éprouvera de la
difficulté à faire disparaitre la difformité on
recouvrira la jointure ou l'articulation démise
ou déboitée d'un cataplasme, ou encore, on
pourra appliquer des compresses d'eau fraiche.
Le chirurgien doit faire le reste. Mais c'est surtout quand il s'agit de luxation, qu'il est nécessaire d'aller le chercher au plus vite et de ne
pas attendre que le gonflement survienne, car
il serait souvent impossible alors de réduire
la luxation. Le blessé pourrait rester estropié
pour toujours.

# CHAPITRE V

## DES PRÉCAUTIONS A PRENDRE POUR L'ENLÈVEMENT ET LE TRANSPORT DES BLESSÉS.

Un soldat tombe pendant la bataille frappé d'un éclat d'obus, d'une balle, d'un coup de baïonnette ou d'un coup de sabre; s'il est atteint de blessures légères, il peut alors gagner à pied l'ambulance; si, au contraire le soldat se trouve dangereusement blessé et dans l'impossibilité de marcher, il sera relevé et éloigné du champ de bataille, on le transportera à bras, puisque c'est presque toujours la seule ressource qu'on peut avoir dans ces moments-là.

Si on peut trouver un brancard qu'on garnira de couvertures, à défaut de matelas ou de paillase, c'est encore ce qu'il y aurait de mieux. Et comme nous l'avons dit, on peut arriver facilement à faire un brancard avec des échelles, des planches, des branches d'arbre solides ou même des fusils; on les réunira avec des cordes, des cravates ou des mouchoirs.

On fera sur ce brancard improvisé, un lit avec de l'herbe, des feuilles, de la paille, du foin, ou de la mousse, sur lequel le blessé sera déposé en attendant la voiture d'ambulance.

Quel que soit le moyen de transport adopté, on n'y mettra le blessé que lorsqu'on sera certain qu'il y sera bien et que le brancard qu'on aura construit ne viendra pas à se briser sous le poids du patient.

On peut aggraver la blessure, si le blessé n'est

pas transporté dans des conditions convenables. Mieux vaudrait alors le laisser sur place. Si le blessé, par exemple, était mal transporté, dans le cas d'une fracture simple, elle pourrait se transformer en une fracture grave qui entraînerait l'amputation.

Chaque soldat devrait être appris à relever un blessé sur le champ de bataille, car si ce soin est confié à des personnes inexpérimentées l'état du blessé peut être, comme nous venons de de le dire, considérablement aggravé. Si le blessé, au contraire, est transporté sans secousse et avec douceur, quelles souffrances alors lui seront évitées !

A défaut de fourgons ou de litières, les fauteuils, les chaises, les voitures, les charrettes, les traîneaux sont encore des moyens de transport qui peuvent être employés.

Mais le meilleur moyen est celui par eau, par les rivières ou les canaux.

Il faut savoir se servir des barques et bateaux chaque fois qu'il sera possible; car la grande préoccupation de ceux qui soignent les blessés doit être de les transporter doucement et d'éviter soigneusement les cahots.

Il ne faudra jamais alors confier le transport des blessés à des alcooliques ou à des ivrognes. C'est à ceux qui sont sains d'esprit et de corps qu'il appartient de prendre les précautions nécessaires, pour le placement des blessés sur le brancard, sur le lit ou sur la voiture d'ambulance.

# CHAPITRE VI

PREMIERS SOINS DANS LES ACCIDENTS EXTERNES
CHEZ LE SOLDAT. — MANIÈRE RAPIDE D'EXTRAIRE
LES CORPS ÉTRANGERS.

Après les blessures graves avec hémorragie, après les plaies par armes à feu dont nous venons de parler, il y a des accidents externes moins graves, mais qui sont très fréquents chez le soldat. Ces petits accidents sont les suivants :

1° *Les Furoncles;* 2° *les Panaris;* 3° *les Ampoules;* 4° *les Engelures;* 5° *les Dartres;* 6° *la Gale;* 7° *les Démangeaisons;* 8° *les Cors aux pieds et Œils de perdrix;* 9° *les Coups de soleil;* 10° *les Saignements de nez;* 11° *les Inflammations des yeux;* 12° *le Mal de dents;* 13° *les Brûlures;* 14° *les Morsures;* 15° *l'Entorse;* 16° *les Congélations;* 17° *l'Orchite;* 18° *l'Hernie;* 19° *la Commotion cérébrale;* 20° *les crampes dans les jambes;* 21° enfin, *l'introduction accidentelle de tous corps étrangers.*

1° *Le Furoncle*, qu'on nomme vulgairement *Clou* ou *Anthrax*, est une inflammation dure et bombée. Elle est accompagnée de douleurs qui s'étendent autant en largeur qu'en profondeur. Le cavalier est sujet au furoncle, surtout si son cheval a le trot dur. Les coups, les chutes, les exercices violents, la trop grande ardeur du soleil, ou le grand froid sont les causes les plus ordinaires du furoncle.

Dès le commencement, on applique des cataplasmes de farine de graine de lin ou de mie de pain, etc., pour calmer la douleur. Ensuite, on emploie, avec succès, l'eau de goudron obtenue par voie de macération.

2° *Le Panaris*, appelé par le paysan *la Tourniolle* et par les gens du monde *le Mal de doigt*.

Il faut se faire ouvrir le panaris le plus tôt possible et n'employer les onguents qu'après l'ouverture du panaris. Le doigt malade doit être sans cesse recouvert d'un cataplasme émollient, avec de la farine de graine de lin, de la pomme cuite, de l'oseille, de la salade ou du pain bouilli.

3° *Les Ampoules* ou *Cloches* désignent une élévation de la peau provoquée par un liquide jaunâtre. Les ampoules sont le résultat souvent d'une marche trop longue avec des chaussures neuves.

Le maniement du fusil, du sabre, d'une bêche, d'un marteau ou autres instruments durs, font naître des ampoules. La brûlure les produit aussi. Après avoir percé l'ampoule avec une épingle, sans enlever la peau, on place sur le mal des compresses imbibées d'eau blanche ou phéniquée et on attend jusqu'à ce que la nouvelle peau ait eu de temps de se refaire.

4° *Les Engelures*. — Beaucoup de remèdes sont conseillés pour guérir les engelures, mais peu sont efficaces. Cependant, en tenant les engelures à l'abri du contact de l'air et en les recouvrant pendant plusieurs jours d'une feuille de taffetas imbibée d'extrait de saturne, d'alcool camphré, d'acide phénique, de pétrole ou de teinture d'iode, on a bien des chances de les guérir.

5° *Les Dartres* proviennent d'une maladie de peau, leur couleur est rouge pâle ; elles excitent une démangeaison énervante. Les dartres en se desséchant forment des espèces de croûtes farineuses. Il faut traiter les dartres par des dépuratifs ordonnés par le médecin ou le chirurgien.

6° *La Gale.* — Cette maladie se manifeste d'abord au poignet par une démangeaison insupportable et par des plaques rouges qui se répandent sur toute la surface du corps.

En mélangeant de la fleur de soufre et de la glycérine (50 grammes de chaque) on peut guérir la gale tout d'un coup, mais, pour cela, il faut prendre un bain tiède et, à la sortie du bain, se frictionner toutes les parties de la peau avec cette pommade.

On se r'habillera ensuite avec des vêtements propres qu'on ne quittera pas avant cinq jours. Au bout de cinq jours, on plongera les vêtements dans l'eau bouillante pour tuer les microbes de la gale qui pourraient encore s'y trouver.

7° *Les Démangeaisons.* — On parvient à les calmer avec des cataplasmes de fécule ou de farine d'amidon. Le vinaigre est aussi très souvent employé avec succès. On le mélange d'eau, de façon à ne pas produire une cuisson trop forte sur l'endroit où existe la démangeaison.

8° *Les Cors aux pieds et les Œils-de-perdrix.* — Il est dangereux de couper les cors et œils-de-perdrix avec des couteaux ou des rasoirs, car les coupures aux pieds peuvent devenir mortelles. Le mieux est de se servir de l'ongle, pour enlever l'œil de perdrix et d'une lime pour les cors.

On ne souffrira plus des cors et on pourra même les faire disparaître, si on a la précaution de ne pas continuer à mettre des chaussures trop étroites.

Un cataplasme de farine de graine de lin, ou un bain de pied chaud ramollissent suffisamment les *parties cornées*, on enlève ensuite facilement ces bosses de l'épiderme ainsi que le germe du cor.

9º *Les Coups de soleil.* — Le soldat, plus que tous autres, peut être frappé d'insolation surtout à la figure. Si elle est légère et peu étendue, des compresses d'eau fraîche suffisent. Si au contraire, la surface est plus grande, il convient, dans ce cas, de mettre le soldat dans un lieu ombragé, d'enlever ou desserrer ses vêtements et de lotionner constamment le visage avec des compresses d'eau vinaigrée ou de petit lait.

Il faut tenir le malade dans une position fortement inclinée, de façon à ce que le sang ne lui remonte pas à la tête. Il faudra aussi lui mettre une boule d'eau chaude aux pieds.

Comme l'insolation est assez dangereuse, pour motiver la présence du médecin, on aura soin d'observer les prescriptions ci-dessus, en attendant son arrivée.

10º *Le Saignement de nez.* — Il n'est pas nécessaire de s'en occuper. Il s'arrête tout seul par la formation d'un caillot. Il fait alors passer les maux de tête. Si le saignement de nez persiste, il est nécessaire d'enlever les vêtements du soldat, de l'éloigner du soleil ; d'appliquer sur son front des compresses d'eau froide ou vinaigrée ; ou bien de lui mettre une de ces compresses, pendant quelques instants, entre les épaules ou sur la nuque.

Un des moyens les plus faciles et les plus sûrs d'arrêter le saignement de nez, c'est de se mettre la tête en avant, d'élever le bras correspondant à la narine qui donne le sang et avec les doigts de l'autre main, fermer la narine affectée.

Si on reste ainsi quelques instants, le sang remplit la narine et forme le caillot dont nous parlions plus haut. Il faudra, surtout pour se moucher, attendre deux heures après l'arrêt du sang, car en se mouchant trop tôt, on crèverait le caillot et le saignement de nez redeviendrait beaucoup plus fort et plus difficile à combattre.

11° *Les Inflammations des yeux.* — Lorsque, par suite de circonstances diverses, les vaisseaux de l'œil se dilatent, le sang ne circule plus et la vue en subit une altération ; on éprouve alors ce qu'on est convenu d'appeler *l'ophtalmie* ou *l'inflammation des yeux.* Cette inflammation survient à la suite surtout de l'introduction de corps étrangers dans l'œil. Il faut chercher, avec des lotions d'eau fraîche, à enlever ces corps étrangers.

Dans le cas où il y aurait eu dans l'œil de la chaux vive, il faudrait se servir d'huile, au lieu d'eau,

12º *Le Mal de dents.* — Pour conserver ses dents, il faut se soigner la bouche ; si on prend le soin de se la gargariser plusieurs fois par jour, de façon à ce qu'aucune matière étrangère ne puisse séjourner dans les interstices des dents on est assuré qu'on n'aura jamais de maux de dent. De plus, pour empêcher le *tartre* de se former sur les dents, chaque soldat, le matin, en faisant sa toilette se les frictionnera avec une brosse douce.

Il ne faut se faire arracher la dent que quand elle est complètement gâtée ou *cariée*.

Les soins de propreté suffisent généralement, pour conserver les dents ; mais on doit éviter, les soldats surtout, les fissures, craquelures et fractures dentaires. Ces accidents résultent trop souvent, de l'imprudence avec laquelle on brise les noyaux ou autres corps durs. Tous les coups portés directement sur les dents ou consécutifs à une chute sur la figure peuvent occasionner ces fractures et entraîner des résultats funestes pour les dents.

On doit donc, pour éviter les maux de dents, ne pas les ébranler et toujours les tenir dans un état constant de propreté.

13º *Les Brûlures.* — Qu'ont ait une brûlure légère ou une brûlure grave, il faut toujours commencer par tenir la partie brûlée dans l'eau froide ; ensuite on recouvrira la partie malade d'un linge bien doux enduit de cérat ou de corps gras non salés, tels que l'huile, la graisse douce, le beurre. On remplacera les compresses à mesure qu'elles s'échaufferont.

Dans le cas où la brûlure répandrait une mauvaise odeur à cause du pus, on fera le pansement avec du phénol ou de l'eau phéniquée. Lorsque les brûlures seront par trop profondes, le chirurgien ou le médecin doivent donner une consultation.

14° *Les Morsures*. — Toute morsure doit être considérée comme une simple *piqûre*, comme *une coupure* et comme une *contusion*. On doit donc les traiter avec des compresses d'eau salée, d'eau-de-vie ou de vin  En cas d'inflammation, après quelques jours, on remplacera les compresses par des cataplasmes.

Dans le cas où un soldat est mordu par un chien ou un chat, il faut toujours sucer fortement et longtemps la plaie qu'on lavera ensuite avec de l'eau salée, vinaigrée, avec du lait, de la salive, même de l'urine.

Si on ne se trouve pas éloigné du chirurgien ou du pharmacien, il faut aller vite le trouver. Il brûlera l'endroit où la morsure a été faite. On fera de même pour les morsures d'insectes venimeux, de vipères, etc.

15° *L'Entorse*. — L'entorse est un désordre dans l'articulation, sans déplacement sensible des os articulés. Elle existe, le plus souvent, aux pieds, aux poignets, aux doigts, aux coudes, aux genoux.

Il ne faut que quelques jours pour guérir l'entorse, à la condition de tenir la jointure dans un repos absolu, et de l'entourer, jour et nuit, de compresses humectées avec de l'eau froide, salée ou alcoolisée. Sans ces deux précautions, on fait plus de mal que de bien.

Si, aussitôt la foulure, on met le membre dans de l'eau très chaude, on a bien des chances d'empêcher l'enflure, et alors l'entorse est enrayée.

16° *Les Congélations.* — Malgré les précautions dont on entoure le soldat dans les pays froids, il arrive fréquemment des accidents de congélation ou d'asphyxie par le froid qu'il faut combattre par des moyens spéciaux.

Il faut, en cas de congélation, s'empresser de rétablir la circulation par des frictions faites avec de la flanelle imbibée d'alcool, de neige, ou d'eau très fraîche. Il serait de la plus grande imprudence de chercher de suite à réchauffer les parties congelées, en les mettant en contact avec des corps chauds, car on s'exposerait à donner la mort à l'individu gelé. On n'approchera les membres gelés du chaud que lorsqu'on les aura pour ainsi dire *dégelés*. Quand la chaleur reviendra un peu chez le soldat, on augmentera graduellement cette chaleur jusqu'au moment où la température normale sera revenue.

Il en est du corps humain comme des légumes gelés. Ils tombent en pourriture, si on ne prend pas soin de les faire dégeler peu à peu dans l'eau froide. De même, si on avait l'imprudence de réchauffer brutalement le soldat pris de froid, on amènerait la gangrène sur les parties gelées.

Pour combattre le froid, l'exercice est le meilleur préservatif, mais le soldat qui portera gilet et caleçon de flanelle ou des tricots et bas de laine s'en préservera bien. Comme nourriture dans les pays froids, il faut choisir des aliments gras, manger de la cuisine à l'huile et au lard.

Un chef d'armée qui fait une campagne d'hiver, doit donc particulièrement veiller aux vêtements et à l'alimentation du soldat.

Pour combattre efficacement l'asphyxie par le froid, nous ne pouvons du reste mieux faire que de reproduire en partie les instructions du conseil de salubrité de la ville de Paris pendant la guerre :

« 1° On portera l'asphyxié, le plus promptement possible, à l'endroit où il devra recevoir des secours. Pendant ce transport, on enveloppera le corps avec des couvertures, ou de la paille, ou du foin.

» 2° Dans l'asphyxie par le froid, on ne rétablira la chaleur que lentement et par degrés. Un asphyxié par le froid qu'on approcherait du feu serait irrévocablement perdu. Il faut, en conséquence, le porter dans une chambre sans feu. et, là, lui administrer les premiers secours que réclame sa position.

» 3° Si l'asphyxie a eu lieu par un froid de plusieurs degrés au-dessous de zéro, et que le malade conserve de la souplesse, on le déshabillera et l'on couvrira tout le corps, y compris les membres, de linges trempés dans l'eau froide, qu'on rafraîchira encore en y ajoutant des glaçons concassés.

» 4° Si le corps était tellement frappé par le froid qu'il fût dans un état de rigidité prononcée, il y aurait avantage à le plonger dans une baignoire contenant assez d'eau pour que le tronc et les membres en fussent couverts. Cette eau devrait être aussi froide que possible, et l'on en élèverait la température par degrés de dix en dix minutes.

» 5º Lorsque les membres auront repris leur souplesse, on fera exécuter à la poitrine et au ventre des mouvements, dans le but de provoquer la respiration. On continuera en même temps des frictions sur le corps et les membres, soit avec de la neige, si l'on a pu s'en procurer, soit avec des linges trempés dans l'eau froide.

» 6º Lorsque l'asphyxié par le froid commence à se réchauffer, ou qu'il se manifeste quelques signes de vie, on doit l'essuyer avec soin et le placer dans un lit qui ne soit pas plus chaud que le corps lui-même. Il ne faut pas, non plus, allumer du feu dans la pièce, avant que le corps ait recouvré entièrement sa chaleur naturelle.

» 7º Aussitôt que le malade peut avaler ou peut lui faire prendre un demi-verre d'eau froide dans laquelle on a ajouté une cuillerée à café d'eau de mélisse, d'eau de Cologne ou de tout autre spiritueux,

» 8º Si au contraire, l'asphyxié avait de la propension à l'engourdissement, on lui ferait boire de l'eau vinaigrée et, si cet engourdissement était profond, on administrerait des lavements irritants avec de l'eau salée ou avec de l'eau de savon.

» Il est utile de faire remarquer que de toutes les asphyxies, l'asphyxie par le froid est celle qui laisse, selon l'expérience des pays septentrionaux, le plus de chance de succès, même après douze à quinze heures de mort apparente ; mais d'un autre côté, cette asphyxie exige aussi plus que toute autre, une grande précision dans l'emploi des moyens destinés à la combattre, notamment dans le réchauffement du malade. »

On croit généralement que ce sont les gens du

nord qui supportent mieux le froid. C'est là une erreur ; d'après les observations de plusieurs médecins, ce sont les Français du centre et du midi qui ont le mieux supporté les campagnes d'hiver, soit dans la retraite de Russie en 1812, le siège de Constantine en 1836 et pendant la guerre de 1870.

17° *L'Orchite* est une inflammation des testicules ; cette maladie est malheureusement trop commune dans l'armée. Elle est, le plus souvent occasionnée par les plaisirs immodérés de l'amour, par des contusions, par des efforts violents ou par des travaux pénibles. Les trop fortes détonations du canon sont fréquemment la cause d'orchite par froissement des testicules entre les cuisses. L'ascension brusque des testicules par une contraction, produit souvent des orchites. Cette affection est d'autant plus dangereuse qu'elle expose le soldat atteint d'orchite à l'impuissance et à la stérilité.

La pensée qu'on peut pour un instant de jouissance amoureuse compromettre et rendre impropres à leur fonction les organes de la génération devrait à jamais éloigner le soldat de se livrer à la débauche ou aux excès vénériens, car la cause principale de l'orchite dans l'armée est l'écoulement blennorrhagique dans les testicules. Le moyen le plus sûr de prévenir l'orchite ou de la faire disparaître est, sans contredit, le *suspensoir*; chaque soldat et surtout les cavaliers et les artilleurs, devraient, par mesure réglementaire, porter toujours le *suspensoir*, c'est la mesure de précaution la plus sage et la plus utile contre le ballottement et toutes les maladies inflammatoires des testicules. La véritable manière de porter commodément le suspensoir, de façon à ce qu'il ne gêne pas, c'est de le placer quand on est debout; alors le suspensoir devra soutenir les testicules assez haut, pour empêcher que, par leur poids, elles ne tiraillent les cordons, et alors causer une irritation de tout le système spermatique. Il faut quitter le suspensoir en se mettant au lit; car il serait inutile et même nuisible de le garder quand on est couché.

18° *L'Hernie* devrait toujours être un cas de réforme ; souvent elle n'est pas sortie, et cependant le chirurgien a proclamé bon pour le service un homme pour lequel le moindre effort peut causer des accidents graves. Il importe donc aux soldats qui se trouvent dans ce cas de savoir d'avance ce qu'ils auraient à faire, quand l'hernie est sortie.

L'hernie ou *descente* est une tumeur produite par le déplacement de quelques-unes des parties molles qui sont contenues dans le bas ventre.

Il y a plusieurs sortes d'hernie, mais nous ne nous occuperons que des hernies *inguinales* ou incomplètes qui se manifestent dans le pli de l'aine, et aussi des hernies *crurales* qui apparaissent au pli de la cuisse.

On reconnaît les hernies à ce qu'elles augmentent sous l'influence de l'effort et à ce qu'elles diminuent au contraire ou disparaissent, quand le malade est couché.

L'hernie doit toujours être maintenue avec un bandage qu'on ne doit ôter ni jour, ni nuit.

Les indications curatives que la chirurgie cherche à atteindre, sont au nombre de deux :

1º diminuer le poids des viscères ; 2º et augmenter la résistance des anneaux.

La meilleure façon d'obtenir ce double résultat est l'usage de la gymnastique raisonnée.

En pratiquant sagement la gymnastique on empêchera les tissus cellulo-graisseux de s'accumuler autour des organes et de les surcharger de leur poids ; la gymnastique développera la densité des parois abdominales en augmentant le volume des muscles. Ce qui donnera aux anneaux la résistance nécessaire.

Le soldat, atteint d'une hernie non développée, devra éviter des pressions sur le ventre, soit par un ceinturon ou un vêtement trop étroit ; il devra aussi avec soin éviter les chutes, les coups violents, les efforts et les secousses brusques, la toux, les grands cris, les exercices du cheval, les instruments de cuivre, les respirations violentes ; il devra se coucher sur le côté opposé à la tumeur, avec la tête un peu basse et les pieds un peu élevés.

19º *La Commotion cérébrale* arrive fréquemment dans la cavalerie.

Il est assez rare que le cavalier soit foudroyé instantanément par une chute de cheval. La commotion cérébrale trouble le plus souvent les fonctions de ce viscère sans qu'il arrive aucune altération physique et sensible. Le cavalier emballé, précipité de son cheval, soit sur les pieds, soit sur la tête, tombe généralement comme une masse et ne bouge plus. On le croit mortellement atteint. On se trompe : il se relève, il a comme de la stupeur, de l'engourdissement ; quelquefois, il reste comme paralysé, durant quelques instants, pendant la suspension de l'exercice des sens. Non seulement les chutes de cheval, mais encore les coups violents sur le crâne sont des causes déterminant aussi la commotion cérébrale.

Quand on est en présence d'un homme ayant reçu une commotion cérébrale, on doit s'empresser de le relever, de le placer à l'ombre, la tête et la poitrine relevées ; de le défaire de tout ce qui peut le gêner en lui serrant la poitrine et le ventre ; de lui faire respirer du vinaigre, des sels ammoniaqués ou aromatisés ; opérer des frictions avec la térébenthine ou de l'ammoniaque de chaque côté de la colonne vertébrale et sur le cœur ; appliquer sur la partie du crâne qui aura été frappée des compresses d'eau froide additionnée de vin, de vinaigre ou d'eau sédative ; faire boire au malade quelques petits verres d'eau fraîche coupée d'eau-de-vie, de rhum ou de vin. On pourra lui donner aussi des lavements avec de l'eau salée.

En appliquant, en un mot, des substances excitantes sur les parties malades ou administrées à l'intérieur on réveillera la sensibilité et on diminuera l'engourdissement.

20. *Les crampes dans les jambes.* — Le soldat qui a habituellement des crampes dans les jambes pourra en employant le procédé suivant, éprouver un grand soulagement.

Il devra toujours être muni d'une grosse et forte corde qu'il enroulera autour de sa jambe, au moment où la crampe se déclarera, puis tenant un bout de chaque main il donnera de petites secousses nerveuses, de plus en plus fortes, jusqu'à ce que la douleur soit calmée. La crampe alors disparaitra.

**21° *L'introduction accidentelle de certains corps étrangers*.** — On entend par corps étrangers toutes les choses qui n'entrent pas dans la composition de notre corps. On partage les corps étrangers en deux classes : ceux qui se sont formés au dedans de nous-mêmes et ceux qui sont venus du dehors. Nous ne nous occuperons que des derniers, c'est-à-dire de ceux qui sont entrés dans le corps par violence ou par les ouvertures naturelles.

On doit faire, le plus tôt qu'il est possible, l'extraction des corps étrangers. Le délai peut exposer le malade à de graves accidents.

Si c'est une épine, une épingle, une aiguille, un éclat de bois ou de verre, il faut les saisir ou avec les doigts ou avec une pince, de façon à les faire sortir adroitement et dans leur entier. Si l'on ne peut y réussir, il faut, avant qu'il y ait inflammation, appeler le chirurgien. Il est toujours bon alors d'appliquer sur le mal un cataplasme ou de l'eau bien fraîche.

Quand de la poussière, de la poudre, des grains de plomb ou autres matières métalliques sont entrés dans l'œil, on s'efforce de les faire sortir, avec l'extrémité d'un petit morceau de papier roulé, humecté d'eau ou de lait.

Si on ne réussit pas avec ces moyens simples, il faut recouvrir l'œil d'un linge trempé d'eau fraiche et attendre l'arrivée du chirurgien.

Le meilleur moyen pour retirer les corps étrangers entrés dans l'oreille, tels que des insectes, un noyau de cerise, etc., consiste à lancer de l'eau avec une petite seringue dans le canal de l'oreille. L'eau, en ressortant ne manquera pas le plus souvent d'entraîner le corps étranger.

On retirera avec des petites pinces les corps étrangers qui sont dans le nez, ou bien on les poussera dans le gosier, pour les faire ressortir par la bouche.

Les corps étrangers introduits par la bouche dans l'œsophage, tels que des arêtes de poisson, des petits os, des noyaux, des épingles, des aiguilles, des pièces de monnaie d'or, d'argent ou de cuivre, peuvent en séjournant dans le cou ou l'œsophage déterminer de graves accidents ; s'ils arrivent dans l'estomac, ils peuvent en causer de plus graves encore. Aussi, faut-il s'efforcer de les retirer au plus tôt. Il faut alors immédiatement chercher à les atteindre avec les doigts ou avec une petite pince.

Si ces moyens ne réussissent pas, on provoque avec le doigt des vomissements qui arrivent souvent à chasser ce qui gêne ou qui étouffe.

Quand on ne peut faire sortir ces corps étrangers, on est bien forcé de les pousser dans l'estomac. Le mieux, pour cela, est de se servir de petits morceaux d'éponge qu'on attache à une ficelle mince. Le malade boira, en avalant ce petit bout d'éponge. L'œsophage dilaté provoquera alors la descente des corps étrangers dans l'estomac.

D'un autre côté, pour faciliter plus rapidement le passage de ces corps étrangers par les intestins, le malade devra se soumettre à de violents exercices, boire de l'huile d'olive sans goût ou d'amandes douces.

Si on ne peut faire sortir au dehors, par ces

différents moyens, les corps étrangers, il ne faut pas s'obstiner à réitérer les tentatives, il faut attendre que la nature les rejette. Ce qui arrive souvent, au bout d'un certain temps.

En tout cas, dès qu'on a un corps étranger, soit dans la gorge, soit dans l'œsophage, soit dans les intestins, il est nécessaire d'aller consulter le chirurgien et de suivre exactement ses prescriptions.

# CONCLUSION

En publiant ces feuillets, nous n'avons qu'un but : prémunir le soldat contre les accidents, diminuer ses souffrances et augmenter ses chances de guérison.

On ne saurait trop recommander au jeune conscrit la lecture de cet opuscule. Quelques détails vulgaires amèneront peut-être sur les lèvres des sceptiques un léger sourire ; l'œuvre modeste à laquelle nous avons consacré quelques veillées ne se recommande pas moins par les conseils utiles que nous donnons au soldat ainsi que par l'exposé pratique des principes élémentaires de la chirurgie.

Combien de blessés vivraient encore aujourd'hui si leurs camarades avaient su leur donner les premiers soins !

Maintenant plus que jamais, l'étude de ces questions s'impose à notre attention et à la sollicitude éclairée du gouvernement de la République.

La nation tout entière est armée et dans la conflagration attendue, dans le formidable choc qui se prépare, nous devons être prêts, non seulement à combattre, mais aussi à relever nos blessés du champ de bataille, à les soigner, à les guérir.

Beaucoup mourront hélas ! Mais ce petit livre ne sauverait-il la vie qu'à quelques-uns de nos concitoyens, que nous serions largement payé de notre peine.

K. H.

Fin.

# TABLE.

Paris et Limoges. — Impr. milit. Henri Charles-Lavauzelle.

# Librairie militaire H. Charles-Lavauzelle
### 11, *place Saint-André-des-Arts, Paris.*

---

DE L'INSOLATION. Conseils pratiques pour la prévenir sur les troupes en marche (2e édition). — Brochure in-18 de 12 pages.................... » 25

MANUEL DU SERVICE DES HOPITAUX, à l'usage des officiers d'administration et des candidats à ce grade, par S. Poulard, professeur à l'Ecole d'administration de Vincennes, licencié en droit. — Volume grand in-8o de 306 pages, broché........... 6 »

EFFETS DU PROJECTILE DU NOUVEAU FUS'L DE PETIT CALIBRE. — Exposé scientifique en vue de juger des blessures dans les prochaines guerres, par M. le professeur Paul Bruns, chef de la clinique chirurgicale à Tubingen (Wurtemberg); traduit de l'allemand par E. Hartog, capitaine d'artillerie belge, détaché à la manufacture d'armes de l'Etat à Liège. (Edition revue, augmentée et ornée de sept planches photographiques). — Volume in-4o de 58 pages, broché........................ 7 50

MÉDECINE ET MÉDECINS MILITAIRES DE L'ARMÉE FRANÇAISE EN 1888 (armée active, réserve et armée territoriale), par le docteur A. Chassagne. — Brochure in-8o de 64 pages................ 1 50

LES CAHIERS DE 1889 DE LA MÉDECINE MILITAIRE FRANÇAISE, par le docteur A. Chassagne. — Brochure in-8o de 64 pages........................ 2 »

MANŒUVRES DU SERVICE DE SANTÉ DE L'AVANT DANS LA PROCHAINE GUERRE, par E. Gavoy, médecin principal de 2e classe. Ouvrage illustré de 13 planches en couleur. — Broch. in-8o de 60 pag. 2 50

RÔLE DU MÉDECIN CHEF DE DIVISION, par le même. — Brochure in-8o de 24 pages................ » 60

*Le catalogue général est envoyé franco à toute personne qui en fait la demande.*

Paris et Limoges. — Imp. milit. Henri CHARLES-LAVAUZELLE